JN440338

느티,
말을 걸어오다

안봉옥 시집

전당시선
001

느티,
말을 걸어오다

안봉옥 시집

문학의전당

시인의 말

아스팔트를 뚫고 줄기를,
꽃을 내민 생명이 나를 불러 주저앉히듯
늘 낮은 자리로 향하는 시선을
잊지 않을 것이다.

그래 애썼다, 애썼다 쓰다듬는 일을 멈추지 않을 것이다.
그들이 내는 소리를 기호로 옮기기 위해
귀를 열어둘 것이다.

2013년 가을날
안봉옥

차례

제2부

제3부

제4부

제1부

동백 기생

서천 동백 기방에 들었더니
아직 머리도 올리지 못한 것들
저도 기생이라고
붉은 화관 쓰고 마중을 나왔다

집 앞까지 따라 나와 소담스레 인사하는 계집들
언덕배기 밭 갈러 가는 남정네
발걸음이 어지럽다
헤픈 계집들 교태에
봄이 뚝뚝 떨어져 내린다

춘장대 오르는 영감들
낙지 안주에 막걸리 한 대접씩 쭉 들이켜고
새빨간 입술 앙팡진 엉덩이에
욕정이 솟았는지 헤벌어진 눈으로
지나는 기생들을 더듬는다

고년 참 이쁘다!

버려진 소파

언제 버려졌는지
소파 하나 골목길 양지바른 곳에 앉아 있다
밤새도록 어둠과 맞서느라
경직된 표정이더니
등굣길 아이들 보내고 난 빈자리
엉덩이 자국 선명한 자리에
햇살이 졸고 있다

안락한 몸피 늘어진 기억
봇물처럼 차오르면
그림자의 그림자도 앉히고 싶지 않아,
몸서리치는 낡은 소파
생을 내려놓은 완강함이
주저앉아 있다
저물녘
하루의 허기 채우지 못한
알량한 걸음 골목길 들어서면
잡아 앉히고 싶다,는 표정 감추지 않는다

시간이 지난 후
담장 그늘 걸친 소파 위
파뿌리 같은 노인이 앉아 있다
소파와 노인 구분되지 않는다
손때 묻은 흔적들이
먼 기억을 더듬으며
골목을 나서고 있다

썩은 사과

베란다에 들어앉은 사과 상자
한 알 두 알
챙겨 먹던 일도 잊은 어느 날
바닥에 깔린 사과들
서로를 의지하며
살을 썩혔다

썩어가던 사과처럼
속으로만 파고들던 날들이었다

그저 느끼는 것만으로
그저 보는 것만으로도

갈증이 더해가고
상처가 되는 줄 몰랐다
서로 기댔던 등
은빛 칼날로
사과의 썩은 부위를

도려내는 순간
칼끝이 내 마음에도 와 닿았다

칼이 지나간 자리, 사과 속살이 환하다

봄날

물왕저수지에 가면
지느러미를 곧추세운 붕어들이
새보다 더 날렵하게
수면 위로
날아다니기도 한다

그 광경을
새들이 아무 생각 없이 보고 있다

소나기

먹구름이
가쁜 숨을 몰아쉬듯 몰려와
잔소리를 쏟아낸다
나뭇가지에 매달린 이파리들
폴카 춤을 추듯
잔망을 떤다
금세 달아난 소나기
저 멀리 지평선에
무지개를 달아놓고
말간 얼굴로
시치미를 떼고 있다

첫차

몰아치는 바람소리에 선잠 깬 어머니
뒤꼍 소나무들 쏟아질 것 같다 하시던 그 밤
장독대 노려보던 마른번개
노모가 누운 방 서까래를 내리쳤다
풋내 나는 시집살이 길들이던 장독들
곤고한 세월이 폭삭 주저앉았다

문설주에 아침햇살 피어오르면
허리끈 조여 매고 잰걸음 내딛던 세월 속
눈물도 사치라 여겼던 시간들이 흘러내린다
살 부비던 바람벽에
기대앉은 먼 기억들이 젖는다

손잡이가 헐거워 추녀 밑에 버려진 호미
붉은 녹 더께마냥
노모의 무릎도 헐거워졌다
내딛는 걸음마다 운다
그런 어머니가 걱정이던 자식들

시내 아파트로 이사를 했다

엉덩이가 자꾸만 바닥으로 내려앉는 어머니
이곳이 내 몸 둘 곳이지, 주문으로
잠자리 뒤척이다 보면
장독대 사이로 암팡진 햇살
기어들어와 잠을 깨운다
단내 나는 간장냄새 앞세워
어머니,
서둘러 시골 가는 첫차에 오른다

기억을 찾아서

뽀얀 햇살에 이끌려
작은 창가에 아이 하나
햇살 속으로 걸어온다

흙먼지 끌고 오던
통통 버스길에 쇠구슬 뛰어가고
마을 앞산 능선을 닮은 선한 황소
이슬 밟은 여린 풀 냄새
밭고랑을 넘나든 세월
코뚜레 속 기억을 묻는다

풀섶을 헤집어
배 터진 개구리 강아지풀 줄기에 꿰어 돌아오던 저녁
논두렁의 메뚜기들 펄쩍펄쩍
노을 속으로 달아나고 있었다

아이는 그날처럼
웃어줄 해님을 찾는다

여름

한밤의 저수지
빛을 떨어뜨린 야광찌
어둠 속 수심을 가늠하고 있다

물비늘 위로
보름달이 걷고 있다

보이지 않는 포물선 사이로
초점 잃은 눈동자가 떠 있다

한낮을 보낸 포획망 속
굳어가는 지느러미
납작하게 엎드린 내가 있다

시장통 아낙

함지박 몇 개 늘어놓고
찌그러진 플라스틱 의자에
반도 못 걸쳐진 엉덩이
온몸에 중심을 잡고
허기진 전대를 다독거린다

누가 보든 말든
한 켠에서 엉덩이를 까고
오줌을 갈기며
하늘을 보고
실성한 듯 욕지거리를 한다

"에잇. 높은 것들은
모두 더러운 것들이여"

욕망 가득한
거리를 쓸어보겠다는 듯
가늘고 긴 오줌 줄기를 내뿜는다

지나가는 행인들이
키득거리며 그 소리를 듣고 있다

검은 눈의 개

시장통 골목에서
시선을 사로잡는 검은 눈의 개를 보았다

한나절 햇볕에 구워진
상점 통유리 안은 정글로 변해가고
개의 식욕은 보이지 않는 아가리,
허공을 물어뜯다 던져두었다
정물이 된 해태처럼
깊이를 가늠할 수 없는 개의 눈이
행인들을 따라 나선다

테이블 의자에 앉아 차를 마시며
너를 본다 나를 본다
무언의 네 눈빛
빈 잔을 반복적으로 입으로 가져간다
일상을 감시하는 너의 눈이 검다
한 치의 껌뻑임도 없는 눈이
내 목줄로 서늘하다

골목을 쓸던 빗줄기 돌아간 후
햇빛 쏟아지는 시장통
검은 눈의 개가 사라졌다

개기름 포식한 시멘트 바닥 위로
검은 두 눈이 빛을 낸다
내 눈알이 나를 빤히 올려다본다

광대
—5.31일 선거를 보며

표정 없는 얼굴들이 우르르 몰려다닌다

빨갛게 달아오른 확성기가
뿜어내는 말, 말들
도시의 뜨악한 눈동자들이
잠깐 가로수처럼 꽂혀 있다
무심한 얼굴로 흩어진다

한 표를 향한 얼굴들
방향을 잡지 못하는
길거리 광대 풍선이다
허리를 잡고 키득키득
억지웃음을 건네기도 하고
굽실거리며 절을 하다
두 팔 벌려 허공을 휘젓는다

까맣게 타들어가는 도로
방향을 못 잡은 풍향계의 화살이 난무한다

푸르게 물들어가는 가로수
새카맣게 몰려오는 먹구름을 찢어
푸른 물을 사정없이 뿌려댄다

길거리 광대들
어느 대(代)에 멸종된 동물인 듯
자취를 찾을 수 없는 거리
검은 아스팔트만 번들거린다

호박고구마

사돈댁에서 보내온 호박고구마를
냄비에 얹어 쪘다
노란 속이 입에 달다
서너 개를 금방 해치웠다
손으로 떼어내고 입으로 베어낸 껍질들이
사돈어른 발뒤꿈치 각질처럼 수북하다

갯지렁이 잡아 해를 안고 마니산 넘나들던
고개 같은 인생이었다
희로애락도 있었으련만
찢어버리면 그만인 땅 등기 종이가 뭘꼬,
장대처럼 겅중겅중
강화도 외포리 바람 다 마셔도
거뜬하던 사돈할머니 송장처럼 누워 있다
상처투성이 고구마가 따로 없다
평생 육신 바쳐 일군 재산
당신 것이 내 것이요,
아낌없이 교회에 바친 아들 집 아래

쪼그라든 영감님 눈꺼풀 아래
한 뼘 뒷방 구들장 위에
고구마 딱정이처럼
누워 있다

가을바람 속에서

들판의 황량한 가을바람에
퇴색된 메마른 풀잎들

어머니 당신인 듯
그립습니다

텅 빈 논바닥
허수아비로 서 있는 당신, 그 허한 손짓이 사무칩니다

언덕배기 밭고랑 속
몸피 작은 짐승처럼 기어 다니며
따가운 햇볕에 얼굴이
검은 돌멩이처럼 타들어가는

마른 옥수숫대로 하염없이 서걱이는
어머니, 당신이 그립습니다

내 섬에 가고 싶다

그리운 목선 한 척
기다리고 있을 것만 같은
내 섬에 가고 싶다

잔잔한 파도가 발목을 간질이고
키 작은 꽃들이
벌과 나비를 불러 모으는 곳

해풍에 떠밀리던 먹구름
젖가슴을 내밀어
후두둑, 한바탕 젖을 먹이는 그곳

그리운 목선 한 척
푸른 손 흔드는

내 섬에 가고 싶다

갱년기

불면의 날이 늘어간다
칼날 위에 선 날들이 쌓여간다

혀끝에 달라붙는 커피 맛
익숙한 올드팝송 리듬에
발목만 까딱이는 여자

쇼 윈도우에 마네킹
거울 속 낯익은 눈 맞춤
유리벽을 등지고 마네킹이 되어본다
하나둘 빛 속으로 사그라지는 세포
발끝을 시작으로 정물화가 되어가는 여자

파운데이션 위로 피어나는 기미
짙어가는 주름에
책임을 묻고 싶어진다

염색약을 챙기는 여자

완경을 자축하듯
옥양목처럼 정갈한
흰 바지를 준비한다

나나니벌

이른 아침 나나니벌 한 마리가
이슬 띠 두른 16층 베란다 풍경 속에 잡혔다
이 높은 곳까지 왜 올라왔을까
날개를 건드려도 보고
배를 눌러봐도
날갯짓을 잊었는지
방충망만 빙빙 돌 뿐이다

그러다 가겠지

며칠 동안 싱크대 위
죽 늘어선 양념통들을 기웃거리더니
모습 보이지 않았다

오늘 설거지를 하는데
양념통 주위에서 나나니벌이
세제를 푼 개수대 속으로
툭, 떨어졌다

날갯짓도 잃어버린 저 삶을
베란다 밖으로 던져야 하는지
그러는 동안 나나니벌은 쭉 다리를 뻗었다

물이 사방에 튀게 수도꼭지를 틀었다
세찬 물줄기에 나나니벌이
생의 마지막 인사라는 듯 춤을 추며
배수구로 뛰어내렸다

당신의 바다

밤새 통곡하던 파도소리
한낮처럼 환한 당신은
알지 못한다
살을 깎는 아픔을 견뎌낸
저 갯바위의 고통을 당신은 알지 못한다

파도와 갯바위를 넘나드는
이 질긴 윤회의 철썩임을
당신은 알지 못한다

절정을 향해서만
밀려오고 밀려가다
끝내 스러지는 물거품

당신은 알지 못한다

제2부

명상

바다가 한눈에 들어오는 펜션
테라스에 앉아
읽던 시집도 접고
하루, 이틀, 사흘 파도만 보았다

부서져서 더 빛나는
물방울무늬만
마음속에
새겼다

긴 시선

포장마차 한 척이
장승처럼
역사(驛舍)를 지키고 있다

덕지덕지 달라붙은 먼지의 냄새를 지우려는 듯
아이는 텅 빈 시선으로
춤을 추기 시작한다
한바탕 춤으로 광장의 발길들을 붙든다
엄마의 포장마차에 보이지 않는 울타리를 친다
빙 둘러선 눈길들, 춤사위가 느려진다

물이 넘치는 분수대
온몸을 적셔 바닥과 행인에게
축복의 물세례를 뿌린다
의식은 거룩하게 끝났다
손그릇에 성수를 받아 목젖이 터질 듯 넘긴다

모여 있던 시선도 아이도 떠났다

포장마차 비닐천 뒤로
중년의 무게에 찌든 여자가 나왔다
그림자처럼 아이가 쳐준 싸리나무 울타리
무사한 하루가 놓여 있다

여자는 긴 시선으로 싸리꽃을 찾는다

느티, 말을 걸어오다

아파트 삼사 층 높이의 느티나무
고무밴드에 묶인 밑동이 할머니 요강만 했다
시멘트 바닥에 자리 잡은 나무
요강만 한 공간이 집이다
요만큼만 자라야 한다는 운명은
누구의 잣대일까

나는 얼마나 살 수 있을까,
불안이 나뭇가지를 흔든다
당신들의 희망은 뭔가요,
지나가는 사람들에게 질문을 해대다 지치면
눈꺼풀 같은 이파리들이 별들을 토닥인다
요강 속
할머니의 옛날이야기가
꿈을 꾼다

말려들어가는 혀끝으로 비가 온다
젖은 목소리로 느티나무가 묻는다

당신들 희망의 면적은 얼마만 한 넓이인가요

도다리

빨간등대* 아래
8월의 햇살과 바람이
가로수처럼 늘어서 있다

갓 퍼 올린 바닷물
수족관 벽을 타고 땀을 흘린다

수초를 가르며 위용 부리던 것들
의지를 상실한 지 오래
사각의 링 속에 담겨지고 있다

뱃살 부대끼며 패자부활전을 기다리는
추락한 선수들이다

수족관 바닥에 딱 달라붙은 도다리
수면까지의 공간을 놔두고
반쯤 헐린 입을 벌려
연신 아가미로 내뿜는 것은

화려했던 과거를 회상하는 것일까

소주 한 잔에
딱딱했던 세상도 말랑말랑
해질 무렵 빨간등대의 눈에도 취기가 돈다

돌아 나온 도심의 버스정류장
한 사내가 긴 의자에 널브러져 있다
수족관 속 도다리처럼

---

*시흥시 오이도에 세워진 등대.

낮달

높이 걸린 처마가
화단에 세워둔 햇살 넝쿨을 뚫고
부엌 깊숙이 사선으로 날을 세운다
찬장 아래
졸음에 겨운 귀뚜라미 울음을 닮은
계집아이의 눈망울이
터질 듯한 여주 위에 매달린다

뒷간 문틈 사이로
콩자반 같은 파리 떼
수챗구멍을 오가며 정적을 깬다
물방울무늬 팬티가
월남 치맛자락 따라 실룩이는 마당
자글자글 끓고 있는 한낮이
당겨진 고무줄처럼 팽팽하다

녹슨 자물통이 벗겨진
광에선 한쪽으로 몰려 있던 어둠이

햇살을 열고 뛰어나온다
계집아이 입술 같은 붉은 여주 알이
입안 가득 터지고
처마 끝 낮달이
뽀얀 종아리에 걸려 넘어진다

물왕저수지의 밤 1

산이 호수로 걸어 들어가
잠자리를 살피는 밤
재바른 네온사인이 오색 이불을
펼친다
키 큰 나무 우듬지에 걸린
둥지 하나
달빛 자장가를 흥얼거리며
산을 잠재우는 그곳,

물왕저수지의 밤 2

먹장구름을 걷어낸
달빛이
물결에 흔들리고 있다
봄바람의 속삭임
자박자박
뒤를 따르고
떠나는 이들에게 건네는
왁자한 개구리들의 합창
자박자박
물 위를 걷는다

물왕저수지의 밤 3

문명의 소리도 그림자도
묻어버린 호수
낚싯줄 끝자락엔
쉼 없는 은빛 자맥질
좌절과 절망의 파장이 길다
낚시 바늘귀에
떠오르는 아침 해를 달아
두 손에 쥐어줄까
싱싱한 바람을 꿰어
지느러미에 달아줄까
건져 올리는 낚싯대
생각이 깊다

물왕저수지의 밤 4

호수는 바람을 만나
한 마리 백조가 되고
바람은 호수를 만나
사랑의 세레나데를
부른다
봉쥬르 카페의
모닥불은 사윌 줄 모르고
굴러가는 자동차 바퀴 소리마저
이 순간
조심스럽구나

바다에게 듣다

대나무 숲 시퍼런 울음이
밤바다에 무겁게 내려앉는다

갈퀴 같은 울음이
발길을 재촉하고
비릿한 바람이
이내 발길을 잡는다

활처럼 휘어진 벼랑 위
자지러지게 피었던 동백
퇴락의 미학으로 허물어진 후
서럽디서러운 나는 너를 불러본다

울음은
새로운 생명을 펴 올리고
달빛에 젖은 바다는
누구도 알려고 하지 않는 이야기를 속삭인다

헤드라이트 끝에 걸린 바다
밤새 울고 있다
목이 쉬는 줄도 모르고

그리움

떠난 것들이
노을처럼 번져가는 저녁
어둠이 산등성이를 감싼다
칠흑 같은 하늘에
오래된 얼굴 하나
둥실, 떠오르면
몸이 먼저 달리기 시작한다
마음을 뒤에 두고

바다

푸르게 쌓여가는 시간이 있다

푸른 낯빛으로
발가락 사이를 넘나드는
알갱이로
백사장을 살찌우다 이내
하얗게 죽어간다

날마다 울음 울며 몰려오는
그리운 것들의 몸짓
포말의 침묵으로 사라졌다 되살아나며
울부짖는 세월이 있다

바람

보이지 않지만 느낄 수 있고
느낄 수 있지만 닿을 수 없는

허공에서 태어나
허공에서 자라고
허공에서 사라지는

머물 듯 닿을 듯

새들의 날갯짓 속에서
하루를 사는 너

목련

어느 날
풍문에 실려 온 소문을 들었다

공원 목련나무가
갑자기 미쳐버렸단다

한걸음에
달려가 마주한 그녀
백치 같은 미소

햐,
다물어지지 않는
입속에서
하얀 나비들이 떼 지어 날아올랐다

선거철 즈음

도심 가득
걸개그림들이 전시회를 열고 있다
허공 가득 펼쳐진 욕망은
부드러운 카푸치노의 마법을 권한다

실적 막대그래프가 오르지 않은 오 여사
자판기 커피를 뽑아들고
계단을 오르며 창밖에 걸린 위선과 마주한다
커피의 쓴맛이
오늘
더욱 속을 후벼판다

걸개그림이 내려지는 날
찬란한 금배지는
누군가의 가슴에서 빛나고
그들의 잔치로 홍역을 치렀던 거리
쓰레기를 치우는 오 여사의 손이
발갛게 부풀어 올랐다

세상 보기

당신의 영상을 펼쳐봅니다

환한 당신보다
슬픔이 먼저 왈칵, 쏟아져
다시 멀어지는데

부재를 알리는 이 거리감
당신의 체온을 느끼고 싶어
무릎걸음으로 다가가는데

짧은 세상보기였다고
짧은 세상보기였다고

피돌기를 멈춘 심장 속
딱딱하게 굳은 당신,
아직 난 당신을
내 심장에서 꺼내놓지 못했는데

빨랫줄

인생사 빨랫줄처럼
출렁인다
물먹은 빨래를 걸친 듯
그 무게에 힘겹다가도
말려놓은 빨래 같은 날들을
걷을 때면 휘파람이
곁을 맴돈다
이내 시샘하듯 달려드는
비바람의 무게에
떠밀리기도 한다
바지랑대를 세워 중심을
잡아보지만 여전히
삶은 아슬아슬하게
걸쳐져 있다

제3부

소설(小雪)

봉당 가득 배추를 들여놓고
동네 아낙들이 모여
김장을 한다
쩍쩍 손에 달라붙는 고무다라이
서릿발처럼 살을 엔다
헛간 황소 콧바람에
맞바람 치는
아낙들의 입담은 거침이 없고
막걸리 몇 잔에
시름도 잊고
근심도 함께 절인다
춘향이 눈물처럼 휘날리는
눈발이 곱다

여주

여주 넝쿨 아래 쪼그려 앉은
엄마는 매일 왕소금 한 주먹으로
틀니를 닦고 닦았다
또 한 주먹 소금으로
틀니를 꼈던 잇몸에 피가 나도록
문질러댔다

땅바닥에
엄마의 빨갛게 물든
이빨들이 떨어졌다

어린 나는 엄마의 틀니가
갖고 싶었다

황금박쥐처럼 하하하 웃는
하얗게 빛나는 이빨 모형을
학교 앞 판잣집 같은
문방구에서 샀다

이빨 모형을 입속에 넣고 있으면
자꾸 입이 벌어졌다
빨간 여주가
왕소금 위로 뚝 뚝
떨어졌다

오류

은행 ATM 기기 앞
결제금액 오만 원

기기판에 오류 자막
페이퍼를 뽑아 확인하다
고개를 갸웃거리며 숫자들을 다시 누른다

두 번째 오류에
은근히 열 받는다

세 번째 오류
화가 서서히 끓어오른다

그냥 나갈까 하는데
오기란 놈이 나를 제지한다

긴 혀를 내미는 오류 페이퍼
비웃듯 8282란 숫자를

눈앞에 들이민다

도와드릴까요
친절한 숫자 8292가 미소 짓는다

8292를 밀치고 나오는데
뒤통수를 따라오는 목소리

지금까지 당신이 범한 오류는
8282번을 넘어섰을지도 모릅니다

바키라나무

알고 있니
네 주인은 나야
미안하구나
네가 내 몸의 일부도 아닌데
내 몸처럼 널 구속하는구나
언제까지 그런 나를
지켜보고만 있을 거니
네 몸이 다할 때까지
눈 한 번 깜박 않겠다는 거니
이런 횡포가 어디 있니
네가 힘들어 하고
지쳐가는 모습을 보면서도
난 아직
어떤 결정도 내리지 못하는구나
네가 살아가야 할 공간을
네가 이 공간에 있어 좋다는 이유만으로
널 고문한 건 아닌지
네 죽음을 지켜봐야 하는 게,

널 내치지 않는 게,

그게 너를 향한 사랑일까

봄

흙벽 기어오른 햇살이
바람구멍을 들락거린다
처마 밑에 걸린
호미들 고개 들이밀고
시렁 위 씨앗들을 깨운다
겨우내 고봉 눈 담아내던
개밥그릇도 엉덩이를 들썩거리며
뒤란을 어슬렁거린다
제 집을 기어 나온 누렁이
귀를 간질이며
헤실헤실 풀어지는 한낮

숲

저 푸른 감옥에 갇히고 싶다

무기수로 남고 싶다

솟대

낮게 내려앉은 처마 밑
들창 밖으로
자동차와 날짐승 간간히 드나들던 길
수해로 만신창이가 되었다
육중한 공사 차량 앞다투어
시멘트로 매끄럽게 멋을 내고 호객 행위를 한다
굽이굽이 올라간 끝
턱수염이 우거진 스님의 암자
스님은 땅을 사고팔고
골짝 사람들의 방 안 풍경도 짚으시니
통반장이 따로 없다
부처님 아래 목탁 하나,
마루 밑 누렁이처럼 졸고만 있다

시멘트로 포장된 길 달려가면
서양식 집들도 따라 온다
하룻밤 함께 보낸 너와집
호롱불 아래 할미와 할배

대처로 나간 자식
효도를 한다며 서까래를 우뚝 세웠다
수입 원목으로 지어진 테라스엔 유럽풍 등이 걸리고
음악이 흐른다
뒷간 돌무더기엔 하얀 갈대 무리가
음악에 취하고 붉은 노을에 취한다
할미 할배 지천인 이웃 진달래며
호롱불 곁에 누워도 외롭다 했다,

오늘도
서류 들고 이 골짝을 찾아오는 이는
땅 보러 다니는 외지인들일 게다
솟대처럼 길을 안내할
스님 손님일 게다

어둠을 준비하는 호수

해질녘 찾아든 손 그림자
어둠이 가려주는 비밀을 만들 듯
준비하는 놀림이 사뭇 진지하다
허공을 가르는 팽팽한 낚싯줄
탄력을 받은 소리들이 검은 호수 위를 걷는다

수면에 내려앉은 지상의 것들
맘껏 휘둘렀을 손
해가 솟아오르자
곤한 아침을 맞는다
크고 작은 빌딩들
목을 길게 빼고 호수를 들여다본다
지나가는 비행기 호기심을 쪼아대던
물오리 떼 빌딩 사이를 오가며 수다를 떤다

햇살을 키우고 어둠을 매만지며
다정한 이웃을 꿈꾸던 호수
치유의 기회마저 놓쳐버린

아가리,

흰 거품 게워낸다

안면도의 달

모래 먼지 속에
숨죽이고 있는 의항리에 들어섰다
마을은 미동이 없는데
백구 한 마리
정적이 감도는 바다를 향해 짖어댄다
눈물 같은
비린내 왈칵, 쏟아진다
발이 묶인 어선들
모래 속 검은 슬픔을
낡은 시선에 싣고
꿈결인 듯 먼 바다로 나아가고 있다
말 없는 바다 토닥이듯
동백꽃은 흐드러지게 피었는데
평생 바다를 낚던 손은
소주병을 놓지 못한다
텅 빈 동공 속
휘영청 보름달이
술잔 속으로 떨어지고 있다

여름 단상

휴가를 얻고 보니 맘껏 행복하고 싶다
무늬만 시인입네 헛웃음 흘렸던 펜
잡고 보니 상투 잡고 놀자 한다
풍광에 취해보자 나선 들판
노란 약가루 같은 햇살 졸음을 키우고
고랑을 타고 앉은 잡초 속
풀벌레들 합창하듯
읊어대는 시 한 편 쏟아진다
건너편 솔숲
늙은 솔가지가 어린 잎사귀 끌어안고
풀어헤치는 문장들,
휴가 떠난 마음이
펜 한 자루 고쳐 잡는다

전단지

새해 벽두부터
눈발이
창밖으로 미친 듯이 회오리친다
회오리에 묻혀 하늘로 오르는
찰나를 꿈꾼다
길거리 전봇대 기둥마다
달라붙은 전단지 꼬리 펴덕인다
날 봐요 날 봐줘요
맡은 임무를 수행하듯
깊은 밤도 잊은 채
눈을 번뜩이며 고단한 삶들이
아우성친다

불쑥 나타난 목장갑 하나가
전단지 꼬리를 전멸시키고
새로운 깃발을 꽂고 다음 고지를 찾아 떠났다
내일은 누군가에게 내줘야 할 자리
고지의 탈환은 언제쯤일지

저마다의 사연을 담은 암호
010–0000–0000
발신 중이다

거기, 당신이,

어머니,

당신을 소리 내어 불러본 지 오래되었습니다. 칠남매 막내딸 지천명을 넘어서야 제 나이에 세상을 툭 놓아버린 당신이 보입니다. 이 나이가 되어서야 아립니다.

그 어떤 기약도 없이 당신이 이승을 떠났을 때 무던히도 원망하던 날들, 이젠 먼 이야기가 됐습니다. 깊은 부엌 바닥에 당신처럼 웅크려도 보고 당신 손때 묻은 부뚜막에 얼굴을 묻고 있으면 등 뒤로 커다란 손 하나가 얹어지곤 했습니다. 캄캄한 그림자가 어둠을 데려오곤 했습니다.

여름이면 꽃밭에 채송아 깨꽃 과꽃 사루비아 넝쿨을 올려 가꾸던 여주 그늘 아래 왕소금으로 틀니를 닦고 게 껍데기 같은 거친 손등을 물에 불려 지푸라기로 닦던 당신, 오롯이 되살리듯 거울을 들여다봅니다.

거기, 당신이,

아니 제가 당신인 듯 서 있습니다.

비어 있는 당신의 자리가 비난으로 쏟아질 때 눈물 둘 곳

조차 없던 신접살림 피폐해지던 가슴속 그때 당신을 찾곤 했습니다. 그리움이란 단어는 어머니, 당신입니다. 제가 어미가 되고 어머니로 불리는 이 순간에도 저 거리의 카네이션은 제가 아니라 당신에게 달아드릴 꽃일 뿐입니다.

당신을 품에 안을 수 있다면 젖을 물리고 설빔을 입히고 회초리를 들어 사랑을 내리칠 수 있다면… 당신이 주셨던 그 모든 것들을 제가 어미가 되어 돌려드릴 수만 있다면…

어머니,
당신을 그저 아가, 라고
조용히 불러보고 싶습니다

자살방조죄

햇살 등진 창밖으로
키 큰 나무 한 그루
하루살이를 불러 모으는 밑동
쓰레기 진물로 덧칠돼 있다
철삿줄에 묶인 몸
살을 파고드는 아픔을 뚫고
푸른 잎사귀를 키우고 있다

죽는 것도 삶만큼 질긴 것을
얽어맨 철삿줄도
키를 키워 하늘을 오른다

나무를 지켜보고 있는 내내
철삿줄을 풀어줘야 하는지
나뭇가지를 잘라줘야 하는지
나무의 말을 알아듣지 못해
그저 창밖 풍경으로 서성일 뿐

유실된 거리

기축년 정초
길거리 개들 함부로 오줌을 지린다
거리를 휩쓰는 흉흉한 바람
술 취한 남자의 바짓가랑이 속으로 파고든다
순간, 남자의 아랫도리가 팽팽해진다
얼어붙은 도로변 온갖 배설물들
노란 약가루처럼 쏟아지는 햇살에
헤실헤실 웃음을 판다
비틀비틀 몸을 가누지 못하다가
도로로 뛰어든다
차바퀴에 달라붙어 꽃무니를 뺀다
유실된 거리 가로수들이
샌님처럼 걷고 있다

욕망

안개에 가려진
사위는
숨죽인 듯
고요한데

폭풍이 한 호흡으로
휘저은 고요
정체를 숨긴 밀물이
슬금슬금 밀려오고

안개 속 그림자들
언제나
그 빛
그 모습
그 향기로 느끼고 싶을 뿐…

낮과 밤을
채색했던 모래밭

썰물과 밀물의 정체를

제 가슴속 깊숙이 밀어 넣는

파도

가슴속
타오르는 정열
저 멀리 수평선 너머
바닷속에 감춰두고

여인의 치맛자락 들추던 바람은
나른한 물결 위에서 오수를 즐기려 하는데

갈매기 사랑 노래 시새워
해는 구름 속에서
입을 삐죽거리고

어서 오라
누가
부르며 달려오는 소리

쏴아 쏴아
바위를 치며

물보라 솟아오른다

파도처럼
밀려오는 그대 사랑
백사장에 널브러지고 싶다

월곶의 밤

검은 갯벌
비릿한 갯내음
유유히 날아오르는 갈매기 너머
붉게 타오르는 저녁놀에
나, 뜨겁게 입맞춤하리

월곶 포구
청회색 구름 너머
바다 물길 따르는 한 척의 배
넘실대는 물너울
어느 여인의 가슴을 적시는가

포구를 감아 도는 갯바람
한 잔 술에
어시장 네온사인에 맞춰 춤을 춘다
사랑을 찾아 헤매는 그대를 위해
월곶의 밤은 뜨겁게 타오른다

제4부

청거북

악동들의 괴롭힘에 시달리며
등짝 속에다
머리를 처박고
가슴으로만 피 흘리는
어항 속 청거북

머리 쳐들고
힘을 준들
눈을 부라린들
악동들의 괴롭힘만
더할 뿐

이승과 저승의 길목
무덤 속에서
끔벅끔벅
명상하듯 고요하다

폐가

호수로 가는 농로 옆 낡은 집 한 채
담벼락을 받치고 선 감나무
올해도 어김없이
조롱조롱 감을 매달았다

집주인 떠난 지 햇수로 5년
마을 사람들 기억에서조차
꺼내지 못하는 그를
감나무가 끄집어내고 있다

농사에 몸 부치던 남편
사루비아처럼 붉게 타오르던 이웃 새댁과
눈 맞아 외지로 도망쳤다
풍문에 실려 오는 남편을
처마 밑 거미줄 걷어내듯 싸리비로 쓸어내고
장항아리 돌보던 아내
제 마음 떨구듯
마당 가득 사루비아 뒤로한 채 떠나갔다

텅 빈 마당
여름이 바글바글하다
뒤틀려 벌어진 대문 사이로
사루비아 붉은 입술이
지나는 사람들을 불러 세운다

이웃들은 세월이 주저앉길 바라지만
감나무는 붉은 감을
아내의 눈물인 양
뚝, 뚝,
떨어뜨리고 있다

천안함, 46명의 아들
—명복을 빌며

삼월의 백령도 바다 속
영문도 모르고 사투를 벌이다
명을 놓아야 했던 순간
지상의 아비규환
한 몸으로 기록하며
기어이 꺼이꺼이 토하고 말았다

소중하고 귀한 아들들
뜨겁게 들끓는
열정과 패기
어디에도 찾을 길 없으니
어이하랴, 어이하랴

뜨거운 마음과 단단한 몸 다시 볼 수 없다니
누구를 붙잡고 물어본들
돌아오는 답변 있을 리 없고
지상의 통곡만이 서해바다 위를 떠돌고 있다

암흑에 갇힌 고귀한 영혼들이여
순간의 고통도 인연의 안따까운 절규도
이제 내려놓고 안식에 이르시오

꽃비 휘날리는 지상
이 봄이 진혼제를 올리나니
꽃잎 위 그대 이름들 해마다 흩날릴 것이니
부디 평온하길
부디 용서하지 못할
그 어떤 것도 용서하길

부디 다음 생에는
한 마리 물고기로 태어나 자유롭길

포동 소금밭

오래전
잊혔나 했는데
새우등 같은 산을 오르는
상여 뒤로 펼쳐지는 소금밭
감은 눈엔
메밀꽃이 지천일까

염부들은 세상을 떠날 때
눈 속에 소금꽃을 담는다고 한다

이승의 기억을 밀고 가는
소금밭 사라진 자리
햇살이 순장시킨 소금이 튄다
늙지 않는
눈동자 속으로

한낮

화단을 가로지르는 햇살
넝쿨 줄기를 뚫고 부엌 깊은 곳에 들어앉았다
켜켜이 쌓아놓은 세간살이 위로
귀뚜라미 울고
귀뚜라미 울음 닮아가는
붉은 여주는 터질 듯 위태롭다

문간 옆 뒷간 문틈 사이로
목울대를 울리는 콩자반 같은 하루살이 떼
수챗구멍 주위를 오가며 정적을 깬다
할 일 없는 바람
치맛자락 따라 실룩이며
마당을 쓸고
숨죽인 광에선
해묵은 이야기가
슬금슬금 기어 나오고

틈

살면서 흘리는 눈물
하나하나 선명한 이름을 갖지만
이제
소멸을 통한 그리움으로 남기렵니다

당신도 모르는 눈물
가슴에서
퍼다 버리면
폭풍의 중심에서도 고요 한 자락
건져낼지도 모르겠습니다

가슴속
손톱만 한 틈으로 슬며시
햇살 한 가닥
끌고 들어올지도 모르겠습니다

거리의 가로수들 오늘도 내려놓아야
봄으로 갈 수 있다고

가을을 이야기할 수 있다고

미련 없이 겨울로 돌아서는 걸 봅니다

처녀림

가슴에 은장도를
품고 지켜낸,
가슴 한 올 한 올 풀어헤치며
수줍음 띤 널
숲을 비집고 들어온
햇살처럼 만났다

지나는 나그네 욕정마저 식히는
장옷 속 넌
신들린 무녀였다

끊어질 듯 끊어지지 않는
긴 한삼자락 따라
마음은 파도처럼 요동친다

열두 폭 치마를 걸친 무녀
날개 달린 선녀 같은
널 두레박으로 퍼 올리고 싶다.

유년의 기억

꽃고무신 코에 핀
나비 한 마리

옥수숫대 기어오르는
나팔꽃 줄기의 곡예 지켜보던 수사마귀,
암사마귀를 탄다
사랑의 곡예를 펼쳐 보인다

논둑가 웅덩이
흰 구름 띄우고
게아재비 수상 스키를 즐긴다
지칠 줄 모르고
그림자를 꽁무니에 단 채 하늘을 탄다

고구마 밭고랑이 풀어헤친
어머니의 머리카락은
추억이 풀어놓는
세월의 넝쿨이다

출근길

구두코에 맞춰 아침햇살이 춤춘다
박자 맞추듯 보도블록
새싹들이 구두 굽 사이로 고개를 내민다

달아나는 봄의 꼬리를 향해
아가 손 같은 잎들이 손 흔들고
달리는 차 뒤꽁무니에 싱그러운 아침이
매달려 간다

도심 속
아침 한 잔을 마신다

갈매기

거대한 허베이호의
토사물로 채웠던 서해바다
바다에 목줄을 내어놓은 갈매기들
휴가철을 맞아 감질나게 찾아드는
여행객이 든 펜션 앞마당을 돈다

간간히 들리는 해변가 사람들의
한숨 위로 샤워장 주인의 꿈도 위태롭다

머리 위를 돌기만 할 뿐
전깃줄에 앉지 않는 갈매기
문명을 향한 시위일까
지치도록 허공을 날더니
어느 틈에 조용해졌다

밀물이 다녀간 백사장에
갈매기들 만선을 기다리듯
줄지어 서 있는 모습 가물가물하다

가을

지나간 시간들이
수북이 쌓인 숲길
아무도 밟지 않은 그 길을
기억을 지우듯 걸어간다
바스락 바스락
통통 튀어 오르는 음표
나뭇가지가 떨어뜨린
추억의 노래

겨울 길목

에이는 바람이
거리를 훑고 지나가면
어묵집 비닐도 덩달아
춤을 춘다

어묵이 들어간 입안에서
입담이 흰 거품을 물고
간장 종지에 떨어진다

그래도
간장의
간이 맞다고 한다

거울을 보며

거울 속 모습을 점검하는
분주한 아침

거울에 비치는 일상
초점은 꾸며진 앞모습에 머문다

미처 거울을 준비하지 못한 날은
마음속에 칼바람이 분다
뒤돌아선 모습은 볼 수 없다

등 터져 미어진 순대마냥
허허로운 시간, 탐욕이
거울 속에서 웃는다
오만의 빛, 치장 뒤에서도
홀로그램처럼 찬란하다

진저리치며 달아나는
색맹의 뒷모습

노을처럼 기도할
양면 거울이 필요하다

시흥에 둥지를 틀며

수인산업도로 타고 이사 오던 날
주유소 앞 야트막한 야산이
우리를 반겨주었네

다른 도시로 나갔다 돌아올 적엔
어둔 밤에도 식구처럼 날 맞아주었지

소래산 맞은편에 자리 잡은 그 산은
봄 여름 가을 겨울
소박한 어머니의 손길 같았어라

어느 날 산은
허연 속살을 드러낸 채 파헤쳐져
어디론가 사라져버리고

마음 공허한 그 자리에
아파트 빌딩이 치솟더니
내 보금자리 하나 들어섰네

이제 노래하는 새들
날마다 웃어주던 꽃도 볼 수 없지만
친구처럼 눈빛을 주고받던
소래산이 그 산을 들려주네

야산이 들려주던 시원(始源)의 속삭임
정겨움도 가슴에 새겨뒀으니
밝은 앞날을 기약할 수 있겠네
포근한 시흥의 둥지에서

어떤 날

두 다리가 되어주는 남편
두 눈이 되어주는 아내
판잣집 쪽문에 아내와 남편의 이름이
엉성하게 걸려 있다

논픽션 한 편을 보며
쿠션을 가슴에 끌어안는다
두 다리를 끌어 모아 안는다
코끝이 맵다
기어이 눈물샘도 출렁출렁
골진 감정을 퍼 올린다

시계추처럼 흔들린 시간
이것저것 도려낸 파편 따위로
마음 헤집고 눈먼 장님 되니
높디높은 하늘도 빙판
붉은 꽃망울도 서리 맞은 대추다
먼 데서 달려온 송홧가루

신기루처럼 사라진다

설 연휴 프로그램이 게걸스럽다

하

지

만 오늘 난 논픽션의 주인공이다

까닭에

갯벌을 가로질러
섬이라 불리는 가로리만*
도시가 들고 왔던 것들을
하나씩 부려놓고 갔나 보다
자꾸만 도심 흉내를 낸다

아니다
외로웠던 섬이
도시가 들고 온 것들을 하나씩
부려놓고 가길 원했으리라
그것들과 막걸리 한 사발 주거니 받거니
불콰한 저녁놀을 만들었을 거다
자꾸만 육지에서 멀어지는 서러움에
외로운 까닭에

---

*서산.

시인의 에스프리

안봉옥

가을이 들판을 가로지르고 있다. 지하철 차창에 매달린 햇살이 전철 안으로 쏟아져 들어온다. 듬성듬성 빈 의자에 앉은 오후가 느긋하다. 그 빈자리들을 곁눈질로 일별하며 학생들이 둘씩 셋씩 모여선 채 담소를 나누고 있다. 귀를 기울여본다. 바람에 서걱거리는 옥수숫대마냥 그들의 대화는 거침이 없다. 오고가는 말이 낯설다. 그 낯선 말들에 마음이 요동친다. 흔들리는 게 그들인지 나인지 아님 이 계절인지 분간이 되질 않는다.

흔들리는 마음을 달래 오늘 만나게 될 분들을 떠올려본다. 두 시간의 만남을 위해 어젯밤부터 되뇌고 되뇌었던 내용들을 가지런히 줄 세워본다. 이름을 부르듯 일일이 문장들을 불러보는 시간이다. 이렇게 대중교통을 이용해 이

동하다 보면 그분들이 살고 계시는 지역의 느낌뿐 아니라 내가 오늘 해야 할 일들을 정리할 수 있는 여유를 갖기 위해 애쓰는 내가 보인다. 조급한 생각을, 마음을 빈 의자에 내려놓으려 기를 쓰는 내가 보인다. 스스로에 대한 연민에 헛웃음이 나온다.

말이 홍수를 이루는 시대, 말을 통해 사람들을 상대해야 하는 일은 결코 만만치 않다. 그러기에 내가 어떤, 무슨 말을 하고 있는가를 끊임없이 자신에게 되묻곤 한다. 순간순간 내뱉은 말을 주워 담고 싶을 때 스스로 움찔거리는 나를 본다. 학문적 강의는 아니지만 최소한 남들 앞에 설 수 있을 만한 자격을 갖췄는지 항상 조심스럽다. 그만큼 말하는 것이 직업인 내겐 말 자체가 고되고 어려운 상대처럼 느껴진다. 스스로 미흡한 구석이 많기에…… 그럼에도 박수로 공감을 표시하고 격려해주시는 분들로 인해 다시 힘을 내곤 한다.

가끔씩 인간의 생각을 전달하고 전달받는 도구인 언어가 없다면 이 세상은 어떨까, 라는 생각을 해본다. 애초부터 인간에게 언어가 없었다면 인간의 삶은 어떻게 변했을까? 라는 질문이 부질없다는 걸 알면서도 이런 생각을 하게 된 데는 말이 주는 스트레스 때문이다. 쉽고 편리하다는 말의 기능 때문일까? 즉흥적이고 거침없는 말을 함부로 쏟아내는 사람들을 만날 때면 곤혹스럽다. 자신의 기분

이나 감정을 그 어떤 여과장치 없이 뱉어내는 말을 고스란히 받아내야 할 때면 말을 현대인의 스트레스 주범으로 몰고 싶어진다. 얼마큼의 말을 했느냐보다 내가 어떤 말을 했으며 그 어떤 말이 내 자신에게 혹은 누군가에게 어떤 영향을 끼쳤으며, 그 말이 부메랑이 되어 돌아온 적이 없는지 수시로 돌아보는 일을 게을리 하지 않는 이유이기도 하다.

오늘 내가 하는 말들이 누군가를 따뜻하게 데워주길 바라며 다시 무대에 선다. 흔히 강사들이 쓰는 '빔프로젝트' 한번 사용하지 않는 두 시간의 강의, 화려한 수식어나 몸짓 고품격 언어는 없다. 진심을 담은, 최선이라고 생각하는 언어를 골라 건네는 두 시간이 있을 뿐이다. 그럼에도 내 입을 통해 나간 말들을 여과지로 걸러보면 미처 빠져나가지 못한 말들, 겉돌거나 진심이 들어 있지 않은 말들이 남아 있을 것임을 안다. 그런 일은 비단 미리 준비된 내용을 가지고 하는 강의뿐 아니라 일상에서도 마찬가지일 것이다. 그런 말에 비해 '글'은 글쓴이가 여러 번 퇴고할 수 있어 말로 인한 오해의 소지나 소통을 방해하는 것들을 걸러낼 수 있는 좋은 도구다. 말이 아니라 글로 소통하는 사회라면 전달은 다소 늦더라도 사회는 좀 더 부드럽고 유연해지지 않을까.

글의 내공을 가진 사람들이 부러울 때가 많다. 흔히 산

고의 고통으로 비유되는 창작, 한 편의 시(時)든 단 한 줄의 문장이든 그것이 살아 있는 언어로 퍼덕일 때 누군가는 그 문장에 상처를 치유받기도 하고, 또 누군가는 넘어졌던 자신을 일으켜 세울 힘을 얻기도 한다. 또한 이미 마음으로 꺼버렸던 어떤 불을 다시 지피기도 한다. 누군가의 글이 읽는 이에게 긍정적으로 작용할 때 무한한 에너지가 됨은 물론 메마른 사회를 적시는 단비가 된다. 글이 갖는 장점이자 힘이다.

화려한 구호나 휘발성의 말이 아닌, 걸러내고 걸러낸 엑기스 같은 글을 찾아 헤맨다. 그런 언어를 꿈꾸지만 여전히 문인이라는 무늬가 쑥스럽고 부끄럽다. 그래도 주위를 둘러보면 여전히 글을 사랑하고 세상을 아름답게 보고 읽으려는 사람들이 많다. 그들 곁에 서 있다는 것만으로도 행복하다. 나 또한 그들처럼 세상을 읽고 쓰고 싶다. 그들과 함께 조금씩 달라지는 내 모습을 오래 지켜보고 싶다.

아스팔트를 뚫고 줄기를, 꽃을 내민 생명이 나를 불러 주저앉히듯 늘 낮은 자리로 향하는 시선을 잊지 않을 것이다. 그래 애썼다, 애썼다 쓰다듬는 일을 멈추지 않을 것이다. 그들이 내는 소리를 기호로 옮기기 위해 귀를 열어둘 것이다.

등 뒤로 와 얹히는, 차장을 건너온, 햇살의 손길이 부드럽다. 레일처럼 팽팽하던 긴장이 지하철의 덜커덩거림에 기대 따뜻하게 이완되고 있다.

이 도서의 국립중앙도서관 출판시도서목록(CIP)은 서지정보유통지원시스템 홈페이지(http://seoji.nl.go.kr)와 국가자료공동목록시스템(http://www.nl.go.kr/kolisnet)에서 이용하실 수 있습니다. (CIP제어번호: CIP2013020598)

전당시선 001

느티, 말을 걸어오다

초판 1쇄 인쇄 2013년 10월 21일
초판 1쇄 발행 2013년 10월 28일

지은이 안봉옥
펴낸이 김석봉
책임편집 이현호
디자인 조동욱
펴낸곳 문학의전당
출판등록 제311-2012-000043호
주소 서울시 은평구 연서로11길 7-5 401호
편집실 서울시 마포구 공덕2동 404 풍림VIP빌딩 413호
전화 02-852-1977
팩스 02-852-1978
블로그 http://blog.naver.com/mhjd2003
전자우편 sbpoem@naver.com

ISBN 978-89-98096-49-6 03810

* 이 책은 2013년도 시흥시 문화예술발전지원금으로 제작되었습니다.